FICHE DE LECTURE

DOCUMENT RÉDIGÉ PAR MARINE EVERARD
MAITRE EN LETTRES MODERNES
(UNIVERSITÉ LILLE III)

La Mort du roi Tsongor

LAURENT GAUDÉ

lePetitLittéraire.fr

Laurent Gaudé
Dramaturge, romancier et nouvelliste français

- **Né en 1972 à Paris**
- **Quelques-unes de ses œuvres :**
  La Mort du roi Tsongor (2002), roman
  Le Soleil des Scorta (2004), roman
  Eldorado (2006), roman

Laurent Gaudé est un écrivain et dramaturge français né à Paris en 1972. Auteur à succès, ses romans lui ont déjà rapporté plusieurs prix littéraires dont le Goncourt en 2004 pour *Le Soleil des Scorta*. Principalement connu pour ses romans, c'est pourtant à la scène que cet ancien élève de lettres modernes, auteur d'une thèse sur le théâtre contemporain, consacre une bonne part de sa carrière littéraire. Plusieurs de ses pièces, dont *Combats de possédés* (1999) ou *Pluie de cendres* (2001), ont été jouées en Europe.

Son œuvre romanesque, puisant aussi bien aux sources de l'actualité (*Eldorado*, 2006 ; *Ouragan*, 2010) qu'à celles de la mythologie antique (*La Mort du roi Tsongor*, 2002 ; *La Porte des enfers*, 2008), tire sa singularité d'un univers très symbolique et d'une inspiration dramatique.

La Mort du roi Tsongor
Une fable épique au cœur de l'Afrique

- **Genre :** roman
- **Édition de référence :** *La Mort du roi Tsongor*, Arles, Actes Sud, coll. « Babel », 2002, 205 p.
- **1re édition :** 2002
- **Thématiques :** mariage, guerre, vengeance, mort, hommage

Publié en 2002, *La Mort du roi Tsongor* est un récit épique et tragique. Il a reçu le prix Goncourt des lycéens 2002 et le prix des libraires 2003. Dans une Antiquité imaginaire et africaine, le roi Tsongor s'apprête à marier sa fille, Samilia, au prince Kouame. Cependant, un deuxième prétendant, Sango Kerim, vient réclamer Samilia en vertu d'un serment prêté jadis. La guerre éclate alors, sanglante et absurde. Pendant ce temps, Souba, le plus jeune fils du roi, parcourt le royaume à la recherche des sept tombeaux du roi Tsongor.

RÉSUMÉ

LE MARIAGE DE SAMILIA ET LE SUICIDE DU ROI TSONGOR

Alors que la ville de Massaba est en fête en raison du mariage de la princesse Samilia promise à Kouame, Katabolonga, le porteur du tabouret d'or, éprouve l'intuition qu'en ce jour de noces il va tuer le roi Tsongor. Un ancien pacte les lie : vingt ans de conquêtes et de combats ont conduit le jeune Tsongor au « pays des rampants ». Katabolonga est l'un d'entre eux. Sa famille et son peuple ayant été décimés, il veut se venger de Tsongor. Le souverain, dégouté de la guerre, l'a pris à son service et lui a offert sa mort. Depuis lors, le roi Tsongor administre son empire, Katabolonga à ses côtés.

Le jour des présents, au cours duquel il est d'usage que le futur époux comble de trésors la princesse, Sango Kerim, le fils adoptif du roi, vient réclamer Samilia. Celle-ci lui a fait le serment de l'épouser alors qu'ils étaient enfants. Tsongor est confronté à un dilemme tragique : quelle que soit la promesse qu'il honorera, la guerre éclatera. Or il n'est plus le roi fougueux de jadis et sa jeunesse meurtrière lui fait honte. Il décide de se donner la mort pour éviter la guerre. Il fait venir Souba, son plus jeune fils, et le charge de construire sept tombeaux à travers le monde. À Katabolonga, il confie la pièce qui paiera son passage dans le monde des morts, le chargeant de la lui rendre lorsque Souba reviendra. Il se condamne ainsi à être un esprit errant jusqu'à ce que Souba ait accompli son devoir. Katabolonga se rend compte que sa soif de vengeance a disparu ; Tsongor se suicide.

Le deuil s'abat sur la ville. Le clan Tsongor (les jumeaux Sako et Danga, Liboko, Samilia et Souba) passe la nuit à se témoigner affection et tendresse, empli de tristesse, car il sait que c'est la dernière fois qu'il se trouve réuni. Le fantôme du roi se joint à eux en secret. Puis Souba quitte le palais, monté sur une mule et en tunique de deuil. Dans la nuit, des femmes accrochent un voile noir à sa mule, pour annoncer au royaume la mort du roi et le malheur tombé sur Massaba.

De leur côté, Kouame et Sango Kerim se présentent tous deux pour revendiquer Samilia. Ils refusent la volonté du roi qui désirait que la princesse ne soit à aucun d'entre eux. Une guerre s'annonce donc. L'armée nomade de Sango Kerim, composée des tribus de Bandiagara, Karavanath' et Rassamilagh, occupe les quatre collines Nord, tandis que l'armée de Kouame occupe les trois collines Sud et a pour chefs Barnak, Tolorus et Arkalas. Les ennemis sont de force égale.

UNE GUERRE DOMINÉE PAR LA FOLIE ET LA VENGEANCE

Le soir de la première bataille, Samilia annonce à Kouame qu'elle veut rester fidèle à son passé et à Sango Kerim, malgré l'amour qu'elle lui porte. Danga accuse Sako de s'approprier le pouvoir et de ne pas soutenir leur ami d'enfance. Il rejoint avec Samilia le campement de Sango Kerim.

Lors de la seconde bataille, l'armée de Massaba, conduite par Liboko, se joint à Kouame. Bandiagara jette un maléfice aux « chiennes de guerre » d'Arkalas qui s'entretuent. Arkalas est le seul survivant. Sango Kerim emporte la victoire et investit les trois collines Sud.

L'armée nomade reçoit le renfort d'Orios. Danga incendie Massaba. Lorsque Tsongor voit passer la foule des brulés, des larmes coulent des yeux de son cadavre. La ville est assiégée. Lors d'un assaut, Liboko tient Sango Kerim à sa merci, mais il ne peut se résoudre à le tuer et Orios en profite pour l'abattre. À la vue de son fils mort, Tsongor supplie Katabolonga de lui donner la pièce pour qu'il puisse passer de l'autre côté et trouver la paix. Ce dernier refuse.

Après des mois de siège, sentant venir la défaite, Kouame se glisse dans la tente de Samilia. Devant l'évidence de son désir et croyant qu'il va mourir, Samilia se donne à lui. Mais le lendemain, Massaba reçoit le renfort des amazones de Mazébu, la mère de Kouame. Pris à revers, Sango Kerim essuie une défaite. Kouame reprend trois collines. Pour faire cesser le massacre, il propose que Samilia se donne la mort car nul n'aura jamais la victoire. Lorsqu'il apprend qu'elle s'est donnée à son ennemi, Sango Kerim approuve. Samilia décide qu'elle n'est plus à personne et qu'ils ne peuvent donc plus se battre pour elle. Par conséquent, elle décide de partir. Arkalas se venge de Bandiagara en lui dévorant le visage. La bataille fait à nouveau rage.

La guerre est désormais dominée par la folie et la vengeance. La dernière mêlée est décrétée jusqu'à ce que mort s'ensuive. Barnak décapite Sango Kerim, puis, aveuglé par la drogue, transperce la gorge de Kouame, avant d'être massacré à son tour. Danga ouvre le ventre de son frère Sako, qui le frappe au pied avant de mourir. Il meurt deux heures plus tard. Tsongor regarde passer les derniers morts, parmi lesquels ses enfants. Il les maudit avec mépris, et les accuse d'avoir sacrifié et oublié Samilia, qui erre seule dans le royaume, dans l'oubli d'elle-même.

SEPT TOMBEAUX À L'IMAGE DU ROI TSONGOR

Pendant ce temps, Souba arrive à Saramine, la ville suspendue. Chargé de dresser le portrait de son père, il consacre chaque monument funéraire construit dans le monde à une figure particulière du roi : l'explorateur, le guerrier, le père, le bâtisseur. Il décide d'ériger un premier tombeau dans les jardins de Saramine, à l'image de Tsongor le glorieux.

Dans le désert de pierres, Galash, ancien soldat de Tsongor qui le maudit pour avoir conduit ses hommes à la folie et au massacre, mène Souba à une crique putride et macabre, où agonisent des tortues prises au piège. Souba y érige le tombeau de Tsongor le tueur.

Dans les collines des deux soleils, Souba découvre le lieu où il veut être enterré : humblement, au pied d'un cyprès, dans le soleil.

Dans les terres sulfureuses, Souba tue l'oracle. Il fait l'apprentissage de la honte et part se cacher dans les hautes montagnes du Nord. Il y découvre un palais creusé dans la roche : ce sera la dernière demeure du roi Tsongor, majestueuse et hors du monde.

Une vie a passé. Souba retrouve Massaba en ruines, envahie par la végétation. Il transporte la dépouille du roi dans les montagnes et Katabolonga place la pièce dans la bouche de son ami. C'est la deuxième mort du roi Tsongor, suivie de près par celle de son fidèle serviteur. Souba est le dernier survivant du clan Tsongor. Il décide d'ériger un palais en hommage à Samilia, où les êtres errants pourront se réfugier, dans l'espoir qu'un jour elle y pénétrera.

ÉTUDE DES PERSONNAGES

LE ROI TSONGOR

Le personnage du roi Tsongor est placé au cœur du roman. En témoigne le titre éponyme, mais qui n'appréhende le protagoniste que par le biais de sa mort. En effet, cette dernière est un élément structurant, car elle est le point d'origine de la guerre et du voyage initiatique de Souba. Elle dure des mois et des années, au cours desquelles Tsongor, pris entre deux mondes, suit les batailles et assiste au passage des morts. Finalement, il trouve la paix lorsque Souba l'enterre dans le tombeau des montagnes.

L'homme Tsongor est un personnage ambigu, contradictoire et obscur, tourmenté par son passé, dont la part sombre se découvre au fur et à mesure de la narration. Lorsque son père, sur son lit de mort, refuse de lui donner son royaume en héritage et lui rit au nez, Tsongor part avec pour seul bien une pièce de monnaie, déterminé à conquérir le monde, hanté par le rire de son père. Vingt ans de conquêtes et de tueries le portent à la tête d'un empire immense et merveilleux. Il a « vieilli à cheval » et dans le sang. Las, il décide de cesser son expansion et d'administrer son royaume. Le chef de guerre sanguinaire cède le pas au père généreux et au souverain plein de sagesse.

Le portrait de Tsongor que construit Souba au fil de son errance lui dessine un « visage d'éternité » dans des lieux hautement symboliques. Ainsi découvre-t-on les différentes facettes du personnage :

- pour Tsongor le glorieux, un palais splendide dans les jardins suspendus de la ville de Saramine ;
- pour Tsongor le bâtisseur, une pyramide dans la forêt des baobabs hurleurs ;
- pour Tsongor l'explorateur, une ile cimetière dans l'archipel des manguiers, « les dernières terres avant le néant » ;
- pour Tsongor le guerrier, des salles troglodytiques peuplées d'« une armée immense de soldats de pierre » dans les plateaux rocailleux des terres du Centre ;
- pour Tsongor le père, une haute tour avec à sa cime une pierre translucide dans le désert des figuiers ;
- pour Tsongor le tueur, le sauvage, un tombeau maudit dans une crique putride et mortifère du désert de pierres ;
- pour Tsongor, enfin, le palais creusé dans la roche dans les hautes montagnes du Nord, « somptueux mais caché » (p. 194), sa « dernière demeure » (p. 177).

KATABOLONGA

Katabolonga est le porteur du tabouret d'or, le premier serviteur du roi, élevé par lui au statut le plus honorifique. Il est grand et maigre, âgé et fidèle. Dernier survivant du peuple des rampants massacré par l'armée conquérante du jeune Tsongor, il est le détenteur de la mort de ce dernier. Celui-ci lui a offert son trépas, quand il le souhaite et en toute impunité, en réparation du mal qu'il lui a causé.

Avec le temps, une amitié profonde est née entre eux et, au moment de tuer le souverain, Katabolonga ne peut s'y résoudre.

Il est l'ombre du roi, l'ombre de la mort, chargé de le suivre partout ; ainsi, il incarne sa mauvaise conscience, sa honte et le souvenir de toutes les vies qu'il a prises dans sa jeunesse meurtrière et sanglante. D'ailleurs, lorsque Tsongor repose enfin en paix dans le tombeau des montagnes, sa punition achevée, Katabolonga meurt lui aussi.

SANGO KERIM

Sango Kerim est ce que l'on peut appeler l'« élément perturbateur » dans la structure du récit. Son arrivée bouleverse les projets de Tsongor, et transforme une ville festive en lieu de deuil et de sang. Il a pourtant une profonde affection pour le roi Tsongor, qu'il considère comme son père et qui l'a élevé jadis avec ses propres enfants. Mais il est amoureux de Samilia et il a quitté Massaba à l'âge de 15 ans afin de devenir un homme digne d'elle. Pendant toutes ces années d'absence, il était encouragé par la promesse qu'elle lui avait faite de l'épouser. Il est devenu un prince nomade, entourée de compagnons fidèles et capables de lever une armée.

LE PRINCE KOUAME

Kouame est le prince des terres du sel, fils de la reine amazone Mazébu. Il est le fiancé de Samilia, soigneusement choisi par le roi Tsongor. Il est beau, puissant, et il offre son royaume et sa vie pour être digne d'épouser Samilia (à la cérémonie des présents, il verse de la terre et du sang aux pieds du roi Tsongor).

Il a de nombreux points communs avec Sango Kerim, mais les deux hommes se détestent profondément. La bravoure, la loyauté de leurs compagnons et le sens des valeurs (morales, guerrières, etc.) les caractérisent pareillement. Tous deux s'engagent dans la guerre pour laver l'offense qui leur est faite et par amour pour Samilia. Tous deux ont eu l'occasion de mettre fin au conflit et ne l'ont pas fait, aveuglés par l'orgueil et la vengeance. Tous deux échouent car aucun n'a mis à mort l'autre ; dans la dernière bataille, c'est Barnak qui les tue, l'un après l'autre, incapable de reconnaitre son propre camp. Leur mort symbolise l'absurdité de la guerre.

SAMILIA

Samilia est l'unique fille du roi Tsongor. Ses noces représentent la consécration de la vie de son père qui souhaite plus que tout trouver un homme à sa hauteur et la mettre à l'abri. Cette princesse est belle et désirable, mais elle est la femme de deux hommes. Sango Kerim incarne la sécurité, la fidélité à son passé et la cohérence envers elle-même. Mais c'est Kouame qu'elle aime, qui fait naitre en elle la passion ; en cela, il représente l'incertitude de l'avenir. Pourtant, elle choisit le premier. Lorsqu'elle part, rejetée par les deux hommes, elle n'a plus ni passé ni avenir, et elle erre dans des terres inexplorées, sans nom et sans histoire. Sous prétexte de se battre pour elle, ses prétendants l'ont oubliée et sacrifiée. Héroïne tragique inspirée par Hélène de Troie, elle est au cœur du conflit. Deux hommes se battent pour elle, mais nul ne respecte son choix. Elle subit la honte d'être responsable de tant de morts, avant de comprendre que seules la vengeance et la folie conduisent les hommes sur le champ de bataille.

SOUBA

Souba est le plus jeune fils du roi Tsongor, et c'est aussi celui qui reste le plus fidèle à sa mémoire et le seul qui n'oublie pas Samilia, avec qui il partage un lien très fort (ils sont presque du même âge et ont été élevés ensemble). En effet, après avoir trouvé l'ultime tombeau de son père, il se charge d'ériger un palais à sa sœur. Il est le seul survivant du clan Tsongor et fait l'objet d'un traitement à part dans le roman. D'ailleurs, quand la vie de ses frères s'achève, paradoxalement la sienne commence. Il incarne l'espoir et l'avenir, cette part d'humanité qui survit à la destruction et à la malédiction.

SAKO ET DANGA

Sako et Danga sont les deux fils ainés de Tsongor. Ils sont jumeaux, mais Sako est né deux heures avant Danga. À la mort du roi, Sako prend la tête de Massaba et choisit de s'allier au prince Kouame. Danga décide quant à lui de rester fidèle à leur ami d'enfance, Sango Kerim. Les deux frères se font alors la guerre. La conquête du pouvoir est au cœur de leur affrontement. Après avoir tué son frère, Danga se croit victorieux (« la victoire est à moi », « ouvrir les portes de la ville en seigneur », p. 189) mais il meurt à son tour, ainsi que l'avait annoncé la prédiction, deux heures après son frère.

En tuant son jumeau, il se tue lui-même. Sako et Danga incarnent à l'extrême la guerre intestine, le déchirement du clan Tsongor. Le lien de gémellité peut aussi figurer la dualité de l'âme, déchirée entre la volonté de pouvoir et l'amour filial.

CLÉS DE LECTURE

UN ROMAN ÉPIQUE

La Mort du roi Tsongor est une sorte d'épopée moderne, où la prouesse des héros n'a d'égale que l'horreur des combats. La narration est parcourue d'un souffle épique et l'on y retrouve les *topoï* et les caractéristiques stylistiques de l'épopée :

- l'intrigue renvoie aux évènements relatés dans les grandes épopées antiques : la légendaire guerre de Troie (la ville assiégée par Ménélas qui veut récupérer sa femme, Hélène, enlevée par Pâris) et Thèbes prise d'assaut (les fils d'Œdipe s'affrontent pour le pouvoir et Polynice lance une attaque contre la ville, où règne son frère). De plus, la blessure mortelle au pied de Danga n'est pas sans rappeler le talon d'Achille (célèbre héros antique que nulle lame ne pouvait toucher, excepté au talon, ce qui causera sa perte) ;
- les personnages sont héroïques : ils accomplissent des exploits guerriers et sont des combattants courageux. La chronique du conflit occupe une part importante dans le roman ;
- la dimension guerrière est prépondérante : les passions se déchainent, les mêlées sont sanglantes, les morts cruelles et douloureuses, et la destruction totale. La description des batailles est très suggestive et très crue ;

- un style épique, une hardiesse stylistique, soutiennent l'évocation des affrontements : l'écriture est énergique, vive et animée. On trouve de nombreux procédés d'exagération et d'amplification (pluriels, hyperboles, anaphores, superlatifs, disproportions) qui intensifient les évènements relatés (« C'était comme une mêlée de sangliers. Les têtes étaient fracassées. Des jets de sang venaient inonder les visages. Les armures étaient éventrées. Une clameur horrible de râles guerriers faisait trembler les vieux murs immobiles de Massaba », p. 188) ;
- on trouve des éléments surnaturels, et une dimension légendaire et mystique : Katabolonga peut parler aux morts, l'esprit de Tsongor survit à sa mort physique, le maléfice de Bandiagara sème la confusion dans l'esprit des soldats d'Arkalas, un oracle fait une prédiction, le soldat Galash réapparait à la mort du roi, etc.

L'Afrique en toile de fond offre un cadre imaginaire et exotique propice à la création d'un univers merveilleux et redoutable. Il s'agit d'une Afrique mythologique, non localisée, où s'inventent des lieux magnifiques et/ou terrifiants, à l'image des personnages. Le cadre intemporel peut également faire penser au genre du conte.

LA DIMENSION TRAGIQUE

Dans *La Mort du roi Tsongor*, on trouve également des éléments qui s'apparentent à la tragédie. En effet, la narration est sous-tendue par de nombreux ressorts dramatiques :

- des héros ambigus en conflit avec eux-mêmes, partagés entre le devoir et les sentiments personnels, entre le pouvoir et l'amour, et poursuivis par la honte ;
- le leitmotiv de la malédiction, de la filiation maudite : à plusieurs reprises, le roi évoque la « malédiction des Tsongor » (comme son père, il ne laisse rien à ses enfants car Massaba est détruite, et le sang de même que le meurtre marquent sa lignée) ;
- l'inexorable marche du destin, que les personnages ne peuvent contrer : la mort de Tsongor n'empêche pas la guerre, le choix de Samilia de rejoindre Sango Kerim non plus, et Souba, même éloigné, n'échappe pas au meurtre et à la honte puisqu'il tue l'oracle ;
- les thèmes universels de la mort, de la vengeance et de l'amour, qui parcourent le roman et qui sont des motifs tragiques par excellence ;
- la grandeur du personnage de Samilia : bafouée et oubliée, elle reste digne dans la douleur et le sacrifice.

UN VOYAGE INITIATIQUE

En parallèle du récit de la guerre et du siège de Massaba, on suit le personnage de Souba dans sa quête des sept tombeaux du roi Tsongor. Souba est le plus jeune des enfants du roi, il est à l'aube de sa vie. Tout au long du roman, il effectue une sorte d'errance initiatique et solitaire.

Il doit faire face à des épreuves, affronter des obstacles et opérer des rencontres décisives. En parcourant le monde extérieur, Souba explore le personnage de Tsongor et sa propre intériorité. Et comme dans toute quête, c'est lui-même qu'il trouve à la fin. Son initiation peut se résumer ainsi :

- première étape : la lumineuse ville de Saramine où il se libère de son deuil et renonce aux pleurs, et où il construit le premier tombeau tout en prenant conscience que sa mission consiste à dresser le portrait de son père ;
- deuxième étape : la construction des tombeaux à travers le royaume ;
- troisième étape : le découragement devant l'ampleur de la tâche et la complexité du personnage de Tsongor, puis la découverte du lieu où lui-même reposera, sous un cyprès dans les terres ensoleillées ;
- quatrième étape : la rencontre et le meurtre de l'oracle, un moment charnière, crucial, car Souba devient un Tsongor et fait « l'apprentissage de la honte » ;
- cinquième étape : la honte lui permet de découvrir le tombeau où reposera son père car, symboliquement, il découvre son père ;
- sixième étape : le retour à la vie, la maturité, car il comprend que son père l'a éloigné de la vie justement pour le maintenir en vie. Il décide d'ériger un palais pour Samilia.

Les évènements extérieurs sont révélateurs du cheminement intérieur de Souba ; son parcours initiatique témoigne d'une réflexion sur l'homme, confronté au devoir, à la solitude et, surtout, à la honte.

L'ÉCRITURE THÉÂTRALE

La Mort du roi Tsongor emprunte à la dramaturgie de nombreuses particularités et, même si ces dernières ne sont pas systématiques, elles confèrent au roman une dimension résolument théâtrale. D'ailleurs, ce dernier fut mis en scène par Claude Brozzoni à Annecy en 2009 et, de plus, on connait l'attrait de l'auteur pour cet art. Ainsi, les personnages et certains évènements sont fortement théâtralisés :

- d'abord, comme on l'a montré ci-dessus, l'influence de la tragédie classique est très forte dans le roman ;
- la structure du roman en six parties, elles-mêmes fragmentées en courtes scènes centrées sur quelques personnages (et qui ne dépassent parfois pas une ou deux pages) fait penser au découpage en actes et en scènes d'une pièce de théâtre ;
- on note ensuite l'insertion dans le corps du récit de longs passages au discours direct, fonctionnant en dehors des dialogues : les personnages de Gaudé sont des êtres de parole, et il les met en scène dans la parole, il les livre à la parole. Les exemples de tirades sont nombreux : lorsque Katabolonga s'adresse au jeune Tsongor qui a massacré son peuple (discours de Katabolonga et

discours de Tsongor qui lui répond), lorsque Kouame propose que Samilia se donne la mort (discours de Kouame et discours de Sango Kerim), etc. ;

- certains passages, particulièrement intenses, relèvent de la mise en scène et sont théâtralisés. Par exemple, Gaudé dresse un véritable tableau scénique de la mort du roi, dont l'image finale est celle du souverain « couché dans une flaque noire », dans « les dernières lueurs » de la lune (p. 49). On trouve une description précise de son geste et du coup de poignard de Katabolonga à travers des phrases brèves, comme des didascalies, après que le roi Tsongor a prononcé sa dernière tirade. De même, lorsque son esprit voit passer les hordes de morts, on retrouve le *topos* théâtral de la vision.

PISTES DE RÉFLEXION

QUELQUES QUESTIONS POUR APPROFONDIR SA RÉFLEXION…

- À quelle(s) grande(s) épopée(s) antique(s) le roman se réfère-t-il ? Expliquez.
- Quelles sont les deux aventures qui fondent l'intrigue du roman ?
- En quoi ce roman est-il un récit initiatique ?
- Comment la guerre est-elle représentée dans *La Mort du roi Tsongor* ?
- Qui est Katabolonga ? Quel est son rôle dans l'histoire ?
- Laurent Gaudé affirme qu'il est particulièrement intéressé par les thèmes « de la transmission, de la violence, de la vengeance, de la honte, du voyage initiatique ». Expliquez en quoi *La Mort du roi Tsongor* développe chacune de ces thématiques.
- Quels éléments de la tragédie retrouve-t-on ici ?
- Quelle est l'importance du lien de génération dans ce roman ?
- À votre avis, pourquoi l'auteur a-t-il choisi ce titre, *La Mort du roi Tsongor* ? Vous semble-t-il adéquat ? Justifiez.
- Ce roman pourrait-il être adapté au théâtre ? En quoi et comment ?

POUR ALLER PLUS LOIN

ÉTUDE DE RÉFÉRENCE

- Gaudé L., *La Mort du roi Tsongor*, Arles, Actes Sud, coll. « Babel », 2002.

SUR LEPETITLITTÉRAIRE.FR

- Fiche de lecture sur *Eldorado* de Laurent Gaudé
- Fiche de lecture sur *Le Soleil des Scorta* de Laurent Gaudé

Gaudé
- La Mort du roi Tsongor
- Le Soleil des Scorta

Gautier
- La Morte amoureuse
- Le Capitaine Fracasse

Gavalda
- 35 kilos d'espoir

Gide
- Les Faux-Monnayeurs

Giono
- Le Grand Troupeau
- Le Hussard sur le toit

Giraudoux
- La guerre de Troie n'aura pas lieu

Golding
- Sa Majesté des Mouches

Grimbert
- Un secret

Hemingway
- Le Vieil Homme et la Mer

Hessel
- Indignez-vous !

Homère
- L'Odyssée

Hugo
- Le Dernier Jour d'un condamné
- Les Misérables
- Notre-Dame de Paris

Huxley
- Le Meilleur des mondes

Ionesco
- Rhinocéros
- La Cantatrice chauve

Jary
- Ubu roi

Jenni
- L'Art français de la guerre

Joffo
- Un sac de billes

Kafka
- La Métamorphose

Kerouac
- Sur la route

Kessel
- Le Lion

Larsson
- Millenium I. Les hommes qui n'aimaient pas les femmes

Le Clézio
- Mondo

Levi
- Si c'est un homme

Levy
- Et si c'était vrai…

Maalouf
- Léon l'Africain

Malraux
- La Condition humaine

Marivaux
- La Double Inconstance
- Le Jeu de l'amour et du hasard

Martinez
- Du domaine des murmures

Maupassant
- Boule de suif
- Le Horla
- Une vie

Mauriac
- Le Nœud de vipères

Mauriac
- Le Sagouin

Mérimée
- Tamango
- Colomba

Merle
- La mort est mon métier

Molière
- Le Misanthrope
- L'Avare
- Le Bourgeois gentilhomme

Montaigne
- Essais

Morpurgo
- Le Roi Arthur

Musset
- Lorenzaccio

Musso
- Que serais-je sans toi ?

Nothomb
- Stupeur et Tremblements

Orwell
- La Ferme des animaux
- 1984

Pagnol
- La Gloire de mon père

Pancol
- Les Yeux jaunes des crocodiles

Pascal
- Pensées

Pennac
- Au bonheur des ogres

Poe
- La Chute de la maison Usher

Proust
- Du côté de chez Swann

Queneau
- Zazie dans le métro

Quignard
- Tous les matins du monde

Rabelais
- Gargantua

Racine
- Andromaque
- Britannicus
- Phèdre

Rousseau
- Confessions

Rostand
- Cyrano de Bergerac

Rowling
- Harry Potter à l'école des sorciers

Saint-Exupéry
- Le Petit Prince
- Vol de nuit

Sartre
- Huis clos
- La Nausée
- Les Mouches

Schlink
- Le Liseur

Schmitt
- La Part de l'autre
- Oscar et la Dame rose

Sepulveda
- Le Vieux qui lisait des romans d'amour

Shakespeare
- Roméo et Juliette

Simenon
- Le Chien jaune

Steeman
- L'Assassin habite au 21

Steinbeck
- Des souris et des hommes

Stendhal
- Le Rouge et le Noir

Stevenson
- L'Île au trésor

Süskind
- Le Parfum

Tolstoï
- Anna Karénine

Tournier
- Vendredi ou la Vie sauvage

Toussaint
- Fuir

Uhlman
- L'Ami retrouvé

Verne
- Le Tour du monde en 80 jours
- Vingt mille lieues sous les mers
- Voyage au centre de la terre

Vian
- L'Écume des jours

Voltaire
- Candide

Wells
- La Guerre des mondes

Yourcenar
- Mémoires d'Hadrien

Zola
- Au bonheur des dames
- L'Assommoir
- Germinal

Zweig
- Le Joueur d'échecs

Et beaucoup d'autres sur lePetitLittéraire.fr

www.lepetitlitteraire.fr

ISBN version imprimée : 978-2-8062-1112-5
ISBN version numérique : 978-2-8062-1967-1
Dépôt légal : D/2013/12.603/332

12421540R00018

Printed in Great Britain
by Amazon.co.uk, Ltd.,
Marston Gate.